BEI GRIN MACHT SICH IHR WISSEN BEZAHLT

- Wir veröffentlichen Ihre Hausarbeit,
  Bachelor- und Masterarbeit

- Ihr eigenes eBook und Buch -
  weltweit in allen wichtigen Shops

- Verdienen Sie an jedem Verkauf

Jetzt bei www.GRIN.com hochladen
und kostenlos publizieren

Marcel Funke

Bedeutung von Zeitmanagement zur Steigerung der Effizienz im Studien- und Berufsalltag

GRIN Verlag

Bibliografische Information der Deutschen Nationalbibliothek:

Die Deutsche Bibliothek verzeichnet diese Publikation in der Deutschen National-
bibliografie; detaillierte bibliografische Daten sind im Internet über http://dnb.d-
nb.de/ abrufbar.

Impressum:

Copyright © 2014 GRIN Verlag GmbH
Druck und Bindung: Books on Demand GmbH, Norderstedt Germany
ISBN: 978-3-656-88233-6

Dieses Buch bei GRIN:

http://www.grin.com/de/e-book/288017/bedeutung-von-zeitmanagement-zur-
steigerung-der-effizienz-im-studien-und

GRIN - Your knowledge has value

Der GRIN Verlag publiziert seit 1998 wissenschaftliche Arbeiten von Studenten, Hochschullehrern und anderen Akademikern als eBook und gedrucktes Buch. Die Verlagswebsite www.grin.com ist die ideale Plattform zur Veröffentlichung von Hausarbeiten, Abschlussarbeiten, wissenschaftlichen Aufsätzen, Dissertationen und Fachbüchern.

Besuchen Sie uns im Internet:

http://www.grin.com/

http://www.facebook.com/grincom

http://www.twitter.com/grin_com

Hausarbeit im Fach „Einführung in das Wissenschaftliche Arbeiten"

im Studiengang

International Management

Thema:

Bedeutung von Zeitmanagement zur Steigerung der Effizienz im Studien- und Berufsalltag

Eingereicht von: Marcel Funke

Erarbeitet im: 3. Semester

Abgabedatum: 6. Dezember 2014

Gutachter:

International School of Management

Mörfelder Landstraße 55

60598 Frankfurt am Main

Inhalt

Abbildungsverzeichnis

1   Einleitung

Eines der wertvollsten, nicht käuflichen Güter ist vermutlich die Zeit. Insbesondere bei wissenschaftlichen Arbeiten im Studienleben oder größeren Präsentationen im Berufsleben sind die zur Verfügung stehenden und aufgewendeten Zeiten oft entscheidende Einflussfaktoren für den Arbeitsdruck und die Qualität des jeweiligen Ergebnisses.

In dieser Hausarbeit soll das Thema Zeitmanagement im Studium und im Beruf behandelt werden. Die Inhalte dieser Arbeit sind jedoch universell auf alle Lebensbereiche anzuwenden, die maßgeblich von Terminen beeinflusst werden. Dabei spielt es also keine Rolle, ob es sich bei den betroffenen Personen um Führungskräfte, andere Berufstätige, Studenten, Schüler oder Eltern handelt.

Das Zeitmanagement umfasst verschiedene Methoden zur Lösung von Problemen, die bei begrenzt verfügbarer Zeit sowie einer Vielzahl von Terminen und Aufgaben entstehen. Entgegen des Begriffes Zeitmanagement wird jedoch nicht die Zeit selbst verwaltet, da diese unabhängig vom menschlichen Verhalten vergeht. Die Bezeichnung impliziert vielmehr eine Nutzungsoptimierung der zur Verfügung stehenden Zeit, indem sich schließlich jeder Mensch selbst managt.[1] Ist diese Optimierung gelungen, steht wesentlich mehr Zeit zur Verfügung, die komplett frei genutzt werden kann, sei es für weitere Aufgaben, Hobbys oder die Familie und Freunde.[2]

Müsste die Quintessenz des Zeitmanagements in nur fünf Worten zusammengefasst werden, wären es wohl die Worte „Ziele", „Übersicht", „Prioritäten", „Plan" und „Motivation", da diese Begriffe sowohl im Zusammenhang mit den Grundgedanken als auch mit den eigentlichen Methoden dieser Disziplin immer wieder auftreten.[3] In der ersten Hälfte des Hauptteils dieser Arbeit werden einige wesentliche Denkansätze und Ziele des Zeitmanagements erläutert. Anschließend werden einige ausgewählte Methoden des Zeitmanagements beschrieben, die auf den zuvor dargelegten Grundlagen aufbauen. Im abschließenden Fazit erhält der Leser eine Zusammenfassung sowie eine kritische Reflexion im Hinblick auf die Aktualität der vorgestellten Inhalte.

---

[1] vgl. Uni Marburg, S. 1, 17.11.2011
[2] vgl. Schilling und Dittmar 2011, S. 11
[3] vgl. Uni Marburg, S. 1, 17.11.2011

2 Grundlagen des Zeitmanagements

2.1 Selbstbestimmung vs. Fremdbestimmung

Da das Zeitmanagement dem Selbstmanagement zugeordnet ist, dient das Ziel der größtmöglichen Selbstbestimmung auch als Grundlage dieser beiden Disziplinen. Mit der Selbstbestimmung wird dabei ein Zustand angestrebt, in dem bewusst und losgelöst von Fremdeinwirkung eigenständig entschieden und gehandelt wird.[4]

Selbstverständlich werden immer Orte und Institutionen existieren, die von umfassender Fremdbestimmung geprägt sind. Hierzu zählen zum Beispiel Unternehmen oder Hochschulen mit jeweils eigenen internen Regeln. Dennoch sollte im Rahmen einer späteren Zielsetzung individuell festgelegt werden, welcher Grad an Selbstbestimmung in welchen Bereichen und Situationen des Lebens erreicht werden soll.[5]

2.2 Das Prinzip der Schriftlichkeit

Um die Zeit optimal im Sinne der persönlichen und beruflichen Ziele zu gestalten, ist eine entsprechende Zeitplanung sehr hilfreich. Im Zeitmanagement wird diese Planung als Vorbereitung zum Erreichen von Zielen angesehen.[6] Eine schriftliche Zeitplanung dient vor allem dazu, den Überblick zu behalten und die Zahl der unvorhergesehenen Ereignisse und Aufgaben zu minimieren. Darüber hinaus dienen schriftliche Zeitpläne und Zielsetzungen der Selbstmotivation, sorgen für eine Arbeitsentlastung des Gedächtnisses und schaffen somit zusätzliche Kapazitäten für eine Fülle von weiteren Aktivitäten.[7] Auch eine Langzeitstudie der Harvard Universität hat bereits gezeigt, dass Menschen, die ihre Ziele schriftlich festhalten, deutlich erfolgreicher sind.[8]

Aus der Praxis verschiedener Unternehmen ist hervorgegangen, dass der Mehraufwand für eine sorgfältige, schriftliche Planung die benötigte Zeit für die Erledigung einer Aufgabe so sehr verkürzt, dass insgesamt Zeit gespart wird. Beispielsweise kann eine achtminütige Vorbereitungszeit auf den Arbeitstag bereits zu einem Zeitgewinn von einer Stunde führen.[9]

---

[4] vgl. Schilling und Dittmar 2011, S. 10
[5] vgl. Schilling und Dittmar 2011, S. 10
[6] vgl. Seiwert 2004, S. 30
[7] vgl. Seiwert 2004, S. 33
[8] vgl. Knoblauch und Wöltje 2006, S. 14
[9] vgl. Seiwert 2004, S. 30

2.3 Zielsetzung

Viele Menschen erhoffen sich durch ein gutes Zeitmanagement mehr Erfolg auf beruflicher oder akademischer Ebene. Doch ist Erfolg nichts anderes als das Erreichen eines angestrebten Zieles. Selbstverständlich geht einer Zielerreichung auch immer eine Zielsetzung voraus.[10]

Wie beim Management von Unternehmen bedarf auch das erfolgreiche Selbstmanagement einer klaren Zielsetzung sowie Kontrollen der Zielerreichung. Ziele fordern oft alle Beteiligten heraus und verursachen gleichzeitig Handlungen. In vielen Fällen geht akademischer wie beruflicher Erfolg mit dem Setzen möglichst konkreter Ziele einher. Ziele tragen nicht zuletzt auch dazu bei, die eigenen Fähigkeiten fokussierter einzusetzen sowie ein hohes Maß an Selbstmotivation und Selbstdisziplin zu entwickeln.[11]

Wie in dieser Arbeit später noch erklärt wird, ist das Setzen von Prioritäten einer der wichtigsten Grundgedanken der Zeitmanagement-Methoden. Eine entsprechende Priorisierung setzt jedoch voraus, dass zunächst alle Ziele formuliert sind, die in einer bestimmten Zeit erreicht werden sollen.[12]

Die Formulierung jedes einzelnen Zieles sollte bereits die Höhe der Priorität implizieren, um die Methoden des Zeitmanagements optimal anwenden zu können.[13] Die Priorisierung sollte dabei grundsätzlich nie anhand von nur einem Kriterium erfolgen und die Vergleichskriterien sollten möglichst konstant bleiben.[14]

Wie bei vielen anderen Zielsetzungen, müssen auch die Ziele, die mithilfe der täglichen Aufgaben erreicht werden sollen, „SMART" formuliert sein. Ist die Zielformulierung spezifisch, messbar, akzeptiert, realistisch und terminiert, so ist auch eine entsprechende Klarheit und Erfolgskontrolle gegeben.

---

[10] vgl. Schilling und Dittmar 2011, S. 9
[11] vgl. Seiwert 2004, S. 24
[12] vgl. Handbuch Soft Skills 2004, S. 8
[13] vgl. Schnell 2011, S. 127
[14] vgl. Schnell 2011, S. 128–129

2.4 Prioritätensetzung

Einer der Hauptgründe für Ineffizienz ist der andauernde Versuch, zu viele Aufgaben gleichzeitig zu erledigen. Dies kann schnell dazu führen, dass der Überblick vollständig verloren geht und willkürlich ausgewählte Tätigkeiten unstrukturiert bearbeitet werden. Oftmals sind dann am Ende eines Tages viele wichtige Aufgaben unerledigt oder gar unbearbeitet.[15]

Effektives Arbeiten zeichnet sich vor allem dadurch aus, dass während einer bestimmten Zeit lediglich eine spezifische Aufgabe bearbeitet wird. Diese Vorgehensweise führt zu einer hohen Konsequenz und Zielbewusstheit und ist möglich durch das Festlegen von eindeutigen Prioritäten.[16]

Prioritätensetzung ist die Entscheidung darüber, welche Aufgaben erstrangig, zweitrangig, drittrangig etc. und welche Aufgaben nachrangig sind. Aufgaben, die höchste Priorität haben, müssen zuerst erledigt werden. Bei Beachtung dieser Vorgehensweise wird nur an wichtigen sowie tatsächlich notwendigen Aufgaben gearbeitet. Die Konzentration auf eine Aufgabe führt außerdem dazu, dass die Vorgaben und gesetzten Ziele unter den vorgegebenen Umständen mit einem Höchstmaß an Effizienz erreicht werden.[17]

---

[15] vgl. Seiwert 2004, S. 43
[16] vgl. Seiwert 2004, S. 43
[17] vgl. Seiwert 2004, S. 45

3 Methoden des Zeitmanagements

3.1 Das Pareto Prinzip

Ausgangspunkt für viele weitere Methoden des Zeitmanagements ist das vom italienischen Ökonomen Vilfredo Pareto im 19. Jahrhundert geprägte Pareto-Prinzip. Mithilfe von statistischen Erhebungen stellte er fest, dass ca. 20 % der Bevölkerung etwa 80 % des gesamten Volksvermögens besitzen.[18] Das Phänomen dieser Verteilung konnte anschließend in vielen anderen Bereichen des Lebens festgestellt werden. In einigen Unternehmensbereichen konnte nachgewiesen werden, dass 20 % der zielgerichtet eingesetzten Zeit für 80 % des Ergebnisses verantwortlich ist. Beispielsweise können 20 % der Kunden zu 80 % des Umsatzes führen.[19]

Für ein erfolgreiches Zeitmanagement hat dies zur Folge, dass zunächst die erfolgsentscheidenden Tätigkeiten identifiziert werden müssen und anschließend gemäß dem „80:20-Prinzip" mit der höchsten Priorität versehen werden sollen.[20]

3.2 Die ABC-Analyse

Die ABC-Analyse dient zum Erfassen des Wertes der aufgewendeten Zeit. Je nach der Bedeutung für die Zielerreichung werden alle Aufgaben den drei Kategorien A, B oder C zugeordnet. A steht hierbei für sehr wichtige, B für wichtige und C für weniger wichtige Aufgaben. Wie viele andere Methoden des Zeitmanagements basiert auch die ABC-Analyse auf der Setzung von Prioritäten.[21]

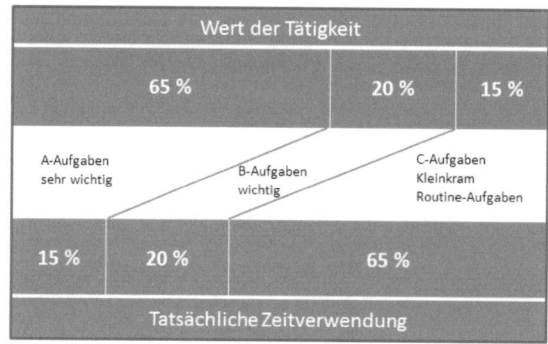

Abbildung 1: Wertanalyse der Zeitverwendung (ABC-Analyse), vgl. Seiwert 2004, S. 46

---

[18] vgl. Seiwert 2004, S. 25
[19] vgl. Schnell 2011, S. 129
[20] vgl. Seiwert 2004, S. 25
[21] vgl. Erichsen 2011, S. 10

Als wichtigste Aufgaben sollen die A-Aufgaben nur eigenhändig erledigt werden und sollten keinesfalls delegiert werden. Stattdessen sind B-Aufgaben nur mittelmäßig wichtig und können daher auch delegiert werden. Die weniger wichtigen C-Aufgaben machen grundsätzlich den Großteil an der Menge der Arbeit aus, haben jedoch den geringsten Wert für die Erfüllung einer Funktion. Hierzu zählen zum Beispiel Tätigkeiten wie allgemeine Verwaltungsarbeit oder alltägliches Telefonieren.[22]

Nachdem die verschiedenen Aufgaben den drei Kategorien zugeordnet wurden, werden sie je anhand der Priorität in einer Reihenfolge für die Tageserledigung angeordnet.[23] Für einen Tagesplan sollten beispielsweise nur ein bis zwei A-Aufgaben mit insgesamt etwa drei Arbeitsstunden fest eingeplant werden. Weiterhin sollte ca. eine Stunde Arbeitsaufwand für zwei bis drei B-Aufgaben vorgesehen werden. Zuletzt müssen noch etwa 45 Minuten für C-Aufgaben reserviert werden. Die übrige Zeit dient als Puffer für Störfaktoren und unvorhersehbare Ereignisse.[24]

3.3   Das Eisenhower-Prinzip

Im Rahmen des nach dem US-Präsidenten benannten Eisenhower-Prinzips werden alle Aufgaben den Kategorien A-, B- und C-Aufgaben bzw. dem Papierkorb anhand der Kriterien Wichtigkeit und Dringlichkeit zugeordnet.[25]

A-Aufgaben können beispielsweise verschiedene Notfälle sein, denn sie sind wichtig und dringend und müssen mit höchster Priorität umgehend erledigt werden. Als meist langfristige Aufgaben sind B-Aufgaben hingegen auch wichtig, jedoch nicht dringend.[26] B-Aufgaben sind daher zu terminieren und spätestens zum gesetzten Termin zu erledigen. Im Gegensatz hierzu haben C-Aufgaben eine hohe Dringlichkeit sowie eine geringe Wichtigkeit und können daher delegiert oder nachrangig abgearbeitet werden. Aufgaben, die weder wichtig noch dringlich sind, werden in den Papierkorb aussortiert.[27]

---

[22] vgl. Seiwert 2004, S. 47
[23] vgl. Seiwert 2004, S. 47
[24] vgl. Seiwert 2004, S. 49
[25] vgl. Seiwert 2004, S. 79
[26] vgl. Rühle, S. 11
[27] vgl. Seiwert 2004, S. 79

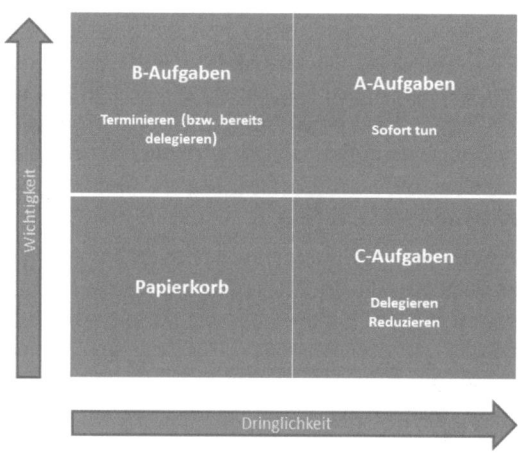

Abbildung 2: Schnellanalyse nach Wichtigkeit und Dringlichkeit, vgl. Seiwert 2004, S. 78

3.4 Die ALPEN-Methode

Der Begriff ALPEN ist ein Akronym für Aufgaben, Länge (Dauer), Pufferzeiten, Entscheidungen über Prioritäten und Nachkontrolle.[28]

Diese fünf-schrittige Methode kann für die Erstellung eines Tagesplans angewandt werden. Hierbei werden zunächst sämtliche an diesem Tag zu erledigenden Aktivitäten, Aufgaben und Termine schriftlich notiert. Hierzu zählen auch Freizeitaktivitäten wie Sport und Einkaufen.[29]

Im nächsten Schritt werden alle notierten Aktivitäten mit einem geschätzten Zeitbedarf versehen. Es gilt zu beachten, dass die geplanten Zeiten möglichst realistisch eingeschätzt werden. Einige Erfahrungen haben gezeigt, dass für die Erledigung von Tätigkeiten oft die gleiche Zeit benötigt wird, wie zur Verfügung steht. Aus diesem Grund sollte jede Aufgabe mit einem entsprechenden Zeitlimit versehen werden. Das Setzen von Zeitvorgaben hat zudem den Vorteil, dass die Arbeit wesentlich disziplinierter und konzentrierter erfolgt und somit Störungen unterbunden werden.[30]

Die dritte Phase der ALPEN-Methode sieht das Reservieren von Pufferzeiten vor. Als Grundregel der Zeitplanung sollten nur etwa 60 % der Zeit tatsächlich verplant werden.

---

[28] vgl. Hoffmann 2007, S. 139
[29] vgl. Hoffmann 2007, S. 139
[30] vgl. Seiwert 2004, S. 38–39

Die übrigen 40 % können einerseits als Pufferzeit für beispielsweise Störereignisse dienen, andererseits aber auch für soziale und spontane Aktivitäten.[31]

Anschließend werden Entscheidungen über Prioritäten, Kürzungen und Möglichkeiten zur Delegation von Aufgaben getroffen. In der Praxis wird häufig mehr als 60 % der zur Verfügung stehenden Zeit verplant. Daher gilt es nun, die Aufgabenliste auf einen realistischen Umfang zu kürzen.[32] Dies wird durch Priorisierung, Kürzung und Delegieren erreicht. Alle verbleibenden Aufgaben, auf die diese drei Tätigkeiten nicht angewendet werden können, müssen gestrichen, vertagt oder mithilfe von Überstunden abgearbeitet werden.[33]

Die abschließende Nachkontrolle beinhaltet beispielsweise, den nächsten Tag zu planen.[34] Nachdem Aufgaben trotz mehrfacher Nachkontrolle unerledigt geblieben sind, wirken diese irgendwann belastend, sodass sie entweder erledigt oder gestrichen werden, weil eine Erledigung nicht mehr notwendig ist.[35]

---

[31] vgl. Seiwert 2004, S. 40
[32] vgl. Seiwert 2004, S. 41
[33] vgl. Hoffmann 2007, S. 139
[34] vgl. Schnell 2011, S. 106
[35] vgl. Seiwert 2004, S. 42

4   Fazit

Eine der wichtigsten Erkenntnisse aus der vorliegenden Arbeit sollte sein, dass das Zeitmanagement und dessen Methoden weit über das Führen von Tages- und Wochenplänen hinausgehen. Es geht vielmehr darum, festzulegen, was die persönlichen Motivatoren sowie Ziele sind und wie selbstbestimmt der eigene Alltag gelebt werden soll, um auf Basis dessen die entscheidenden Prioritäten zu setzen.

In dieser Arbeit wurde gezeigt, dass erfolgreiches Zeitmanagement in erster Linie auf Zielorientierung basiert. Allerdings steht auch bei Managern viel zu häufig die weitaus weniger effektive Tätigkeitsorientierung im Vordergrund der Arbeitsweise.[36] Von 2004 bis 2011 hat die Zahl der Arbeitsausfälle wegen Burn-Out jedes Jahr zugenommen, insgesamt etwa um 9,6 % im genannten Zeitraum. Insbesondere in der heutigen Zeit, in der die Zahl der Burnout-Fälle tendenziell weiter zunimmt[37], ist es entscheidender denn je, ein konsequentes Selbstmanagement zu praktizieren, um diesem Trend entgegenzuwirken. Denn beispielsweise kann die gleichzeitige Bearbeitung mehrerer Aufgaben als nur einer von vielen Stressfaktoren durch Zeitmanagement vermieden werden.[38]

Im Laufe der letzten Jahrzehnte sind auch zahlreiche weitere Methoden der Zeitmanagementlehre entstanden, die in dieser Arbeit nicht weiter beleuchtet wurden. Aufgrund der stetig steigenden technischen Möglichkeiten und der weiterhin zunehmenden weltweiten Vernetzung, wird es vermutlich auch in Zukunft immer wieder neue Ansätze zum Selbst- und Zeitmanagement geben. Die seit vielen Jahrzehnten bestehenden, in dieser Arbeit vorgestellten Praktiken, gilt es daher immer wieder kritisch auf deren Aktualität zu überprüfen. Jedoch hat sich bis heute bei der Anwendung gezeigt, dass diese Methoden nach wie vor sehr gute Ergebnisse erzielen, weil sie aus der Praxis für die Praxis und somit auch für den Menschen selbst entwickelt wurden.

Schlussendlich lässt sich feststellen, dass den hier vorgestellten Methoden eine gewisse Zeitlosigkeit unterstellt werden kann, da sie nach wie vor auf zahlreichen psychologischen Feststellungen beruhen. Daher sollte wohl jeder erfolgsbestrebte Mensch zumindest die Grundlagen des Zeitmanagements verinnerlichen, da unser Leben schließlich aus Zeit besteht und zu einem erfolgreichen Leben eben auch ein erfolgreiches Zeitmanagement gehört.

---

[36] vgl. Seiwert 2004, S. 49
[37] vgl. DAK Forschung, S. 49
[38] vgl. Schnell 2011, S. 127

Literaturverzeichnis

Handbuch Soft Skills (2004). Zürich: vdf Hochschulverlag AG (vdf Management).

DAK Forschung: Gesundheitsreport 2013. Analyse der Arbeitsunfähigkeitsdaten Update psychische Erkrankungen - Sind wir heute anderskrank? Online verfügbar unter http://www.dak.de/dak/download/Gesundheitsreport_2013-1146388.pdf, zuletzt geprüft am 04.12.2014.

Erichsen, Jörgen (2011): Controlling-Instrumente von A - Z. Die wichtigsten Werkzeuge zur Unternehmenssteuerung. 8. Aufl. Freiburg im Breisgau, Berlin, München: Haufe (Haufe Praxisratgeber).

Hoffmann, Erwin (2007): Manage Dich selbst und nutze Deine Zeit! 1. Aufl. Witten: W3L (Soft skills).

Knoblauch, Jörg; Wöltje, Holger (2006): Zeitmanagement. Perfekt organisieren mit Zeitplaner und Handheld. 2. Aufl. Freiburg im Breisgau: Haufe (Erste Hilfe).

Rühle, Hermann: Zeitmanagement. Online verfügbar unter http://www.dr-ruehle.de/files/9_zeitmanagement_neu_c158g78d.pdf, zuletzt geprüft am 02.12.2014.

Schilling, Gert; Dittmar, Katja Anne (2011): Zeit optimal nutzen. Zeitmanagement. 1. Aufl. Stuttgart: EduMedia (Xpert personal business skills).

Schnell, Michael (2011): Die Kunst des Timings. Wie wir mit uns und unserer Lebenszeit umgehen. Frankfurt am Main: Leonidas.

Seiwert, Lothar J. (2004): Das 1x1 des Zeitmanagement. 24. Aufl. Frankfurt am Main: mvg Verlag.

Uni Marburg: HO - Arbeits- und Zeitmanagement. Online verfügbar unter http://www.uni-marburg.de/fb21/i-on/studium/studium/faqs/ha/handouts/arbeitsman.pdf, zuletzt geprüft am 02.12.2014.